AF230360

NAPOLÉON III ET LA BELGIQUE

Bruxelles. — Typ. de A. LACROIX, VAN MEENEN et Cⁱᵉ, rue de la Putterie, 33.

NAPOLÉON III

ET

LA BELGIQUE

PAR

LOUIS LABARRE

> « Si le peuple acceptait de sangfroid
> de pareilles menaces, il faudrait déplorer
> profondément la démoralisation de l'es-
> prit public. »
> M. Ch. Rogier, ministre de l'intérieur.
> (Ch. des représ., 2 juin 1860)

BRUXELLES

CHEZ TOUS LES LIBRAIRES

—

1860

Tous droits réservés.

NAPOLÉON III ET LA BELGIQUE.

I

Qu'en présence de l'ennemi, aujourd'hui comme au 2 décembre 1851, notre premier cri soit un appel à l'union de toutes les forces du pays. Devant le danger qui menace cette chose sainte à tous les Belges, le libre sol, nous attachons avec foi et amour notre drapeau au drapeau de la patrie commune. Quant au devoir de citoyen que nous venons remplir aujourd'hui, il consistera à rappeler à un pays loyal quelle machine de guerre cachent les déclarations de paix redoublées du *Moniteur* de décembre. Un mot seulement de notre position sur le terrain et de l'arme avec laquelle nous venons prendre notre place de bataille.

Démocrate, notre drapeau porte pour devise : LIBERTÉ, FRATERNITÉ, SOLIDARITÉ DES PEUPLES, et voici qu'il faut combattre pour la frontière, quand la démocratie doit abattre les frontières. Mais elle les abattra, parce qu'elles seraient une barrière entre les peuples libres, et nous les défendons parce qu'elles sont une dernière forteresse pour la liberté. Et que si ce nom-anachronisme d'étranger tombe sanglant de notre bouche, ce sera qu'il personnifie pour notre haine la tyrannie qui, des ruines de la liberté française, menace ce qui reste debout de la liberté européenne.

Citoyen belge, nous avons à combattre pour l'indépendance de notre pays, quand des lois aveugles assurent, sur son propre sol, un droit d'inviolabilité à l'envahisseur. Soldat de la presse, nous voyons arriver l'heure où la plume fera place au fusil, et nous voyons encore la main de la loi suspendue sur notre patriotisme, que déjà le glaive de l'étranger est suspendu sur la tête de la patrie. Provoqués dans notre honneur de peuple par les eunuques de la presse impériale, pour leur jeter notre gant à la face, nous n'avons pas le choix de l'arme. Provoqués par un mendiant belge qui, au nom de l'empereur, viendrait demander à son pays la bourse ou la vie, à ce cri d'amour pour l'empire nous n'aurions pas même le droit de répondre par le cri de haine comprimé dans toutes les consciences. Nous entendrions un ministre déclarer, aux applaudissements des législateurs et du pays : « Si le peuple acceptait *de sangfroid* de pareilles menaces, il faudrait profondément déplorer la démoralisation de l'esprit public (1). » Mais ce ministre, après cette parole d'honnête homme, nous citerait-il la loi qui fixe le terme où le « sangfroid » sera crime de trahison envers « l'esprit public? » la loi qui, tant qu'il sera libre à un déserteur de faire appel à l'ennemi, déclare que chaque citoyen est libre de faire, avec toute la colère d'un peuple, rentrer au fourreau le sabre de l'étranger? Qui enfin, ministre ou législateur, nous donnera sa parole de Belge que celui-là ne sera point proclamé coupable de lèse-majesté étrangère qui viendrait hautement déclarer ici qu'il a peur d'une chose, et c'est que l'épée de la France ne se trouve, par une nuit quelconque, changée en poignard au cœur de notre nationalité?

Que si, en attendant, nul homme ne saurait prendre sa propre histoire pour une injure légale; si ce n'est pas offenser un conspirateur sacré par le succès que de le mettre en face de lui-même, avec ses

---

(1) M. Charles Rogier, ministre de l'intérieur, séance de la Chambre des représentants, 2 juin.

actes d'un côté, et ses paroles et ses serments de l'autre; si, après ce qu'il a accompli, lui attribuer le projet de « s'annexer » la Belgique n'est pas plus calomnier l'empereur, qu'on ne calomniait le président de la république, en lui prêtant, après ce qu'il avait juré et jurait tous les jours, le projet de « s'annexer » la France, nous déclarons ici qu'à notre tâche du moment suffit ce qui nous reste de l'ancienne liberté belge. Avec les armes qu'il nous a fournies et que nous redemanderons au *Moniteur* français, c'est assez pour aujourd'hui du tronçon d'arme laissé en nos mains par les mêmes lois belges forgées en son nom contre nous. Pour témoin officiel contre un empire qui n'est ni « la guerre » ni « la conquête, » nous avons le cadavre de la république, l'ossuaire de Crimée, la Savoie et la Chine. Pour sauvegarde naturelle contre Napoléon III nous avons Louis-Bonaparte.

Que quiconque veut sauver son pays se souvienne comment, sous le prince-président, une main cachée alors faisait périodiquement apparaître dans l'ombre lointaine la république égorgée par son gardien, et comment l'injurieuse apparition était repoussée et conjurée au nom d'un serment prêté « devant Dieu et les hommes. » Qu'il s'en souvienne religieusement, et comment ces signes de mort prochaine insensiblement se confirmaient par les démentis eux-mêmes, comment la solennelle trahison allait son chemin dans cette voie tortueuse où s'éloigner et disparaître, c'était avancer et arriver au but. Car les esprits se faisaient à l'idée du meurtre, et, par l'habitude même du spectre toujours évoqué et toujours poursuivi comme un calomniateur, devaient finir par s'endormir dans la foi aux serments, ou, fatigués de l'incertain, se trouver prêts pour la réalité.

La machine infernale a réussi dans la nuit du 2 décembre 1851. Heureusement l'histoire en a soigneusement conservé les pièces. Le laurier qui la couronne était fait pour imprimer au fond des mémoires une trace que n'effacerait pas le mot de l'évangile bonapartiste, que « l'empire, c'est la paix. » Sur les marches souterraines qui menaient son premier magistrat au viol de la république, le sang versé dans la nuit césarienne devait tracer un avertissement que liraient, nuit et jour, les peuples des « frontières naturelles. » Pour qu'il ne fût point perdu, ce sang d'un peuple endormi, l'aube de décembre continuerait d'éclairer dans l'ombre la face des triomphateurs ; il ferait jour jusque dans l'âme de l'empire.

Que pourtant la machine impériale se redresse, pièce par pièce, tournée cette fois vers les frontières ; que ce soient maintenant les nationalités

voisines qu'on voie successivement apparaître au
pied du gibet de la république, à la voix de l'un
ou l'autre des croque-morts de l'empire, d'un Cas-
sagnac, d'un Grandguillot, d'un Cucheval ; que
tour à tour l'ordre soit donné à quelque loustic de
faire feu sur la vieille « carte d'Europe, » ren-
dez-vous marqué sur le Rhin et à Waterloo par
les invalides du *Siècle*, mais qu'en même temps
qu'avec autorisation de la police impériale éclatent
ces bombes d'essai, des instruments de paix, partis
du même arsenal, les viennent éteindre de la main
héroïque d'Achille Fould ; qu'avec les amorces
brûlées à la face des peuples, les désaveux pleu-
vent sur la tête des About et des Martin ; qu'au
milieu des cris de la bande de corbeaux qu'attire
cette odeur de chair humaine qui est dans l'air, le
Moniteur demande la parole, et que, pour endormir les peuples tenus en éveil par le grincement
de la machine décembriste, il ne trouve point de
somnifère plus lourd que la loyauté des hommes
qui la font marcher, certes, après le succès d'une
première expérience, cette nouvelle tentative était
à prévoir. Mais, pour qu'il comprenne enfin
combien, pour avoir servi une fois, tous les res-
sorts du guet-apens sont usés ; de quel œil, d'un
bout à l'autre des frontières naturelles, on les
regarde, en ce moment, fonctionner dans le vide,

il nous suffira de le prévenir de ceci, savoir : — Que toutes les déclarations de paix du *Moniteur* français ne font qu'exhaler de la bouche de sa France sur l'Europe, une insupportable odeur de caserne ; que, pour tout dire, nous ne croyons pas plus que lui-même, journal officiel, à sa propre parole d'honneur.

Une défiance naturelle, si universelle qu'elle pourrait s'appeler l'instinct des peuples, nous dit que l'aigle de décembre est là tout près, veillant comme le hibou, attendant que tout dorme sous son œil morne, et que son heure, l'heure nocturne, vienne. N'est-ce pas un avertissement pareil qui, en France, arrachait à l'historien du premier Napoléon, cette prédiction : « L'empire est fait ! » alors que le serment du 20 décembre 1848 faisait du prophète un calomniateur du président de la république ? Eh bien ! pour nous qui avons vu l'infâme calomnie devenir une auguste vérité ; pour nous, habitants des « frontières naturelles, » l'annexion n'a pas été faite la nuit où de l'explosion d'un serment républicain devait surgir un nouveau Napoléon : elle était faite avant l'empire lui-même, et nous le prouvons par quelques-uns des mille palpitants témoignages du moment.

Le jour même du coup, le 2 décembre 1851, la *Nation* imprime ceci :

« M. Bonaparte proclame l'empire. L'empire, c'est la conquête et les frontières françaises reculées jusqu'au Rhin. Que la Belgique se tienne en garde ! »

Le lendemain et chaque jour elle répète :

« L'empire, c'est l'invasion de la Belgique. »

Le 5, elle dénonce ce même marché de peuples qu'aujourd'hui Gortchakoff remet sur le tapis :

« La Turquie, vendue à la complicité de la Russie, paiera la conquête tolérée de la Belgique. »

Le 9, Louis Blanc lui écrit :

« Partager l'Europe en trois grands empires : un empire russe avec adjonction de Constantinople; un empire autrichien avec adjonction...; un empire français avec adjonction de la Belgique; faire sortir d'une nouvelle Sainte-Alliance entre ces trois grands empires despotiques une guerre à mort au parti démocratique et au parti libéral et constitutionnel, tel est le plan, — qui en doutera jamais? — tel est le plan sacrilége dont le sac de Paris commence l'exécution. »

A Bruxelles, le cri de veille est répété par les organes des divers drapeaux politiques réunis sous le drapeau de l'indépendance nationale. On lit dans le *Messager des Chambres* :

« Nous répétons que la Belgique doit imiter

l’Angleterre et se mettre sur ses gardes. Plus le gouvernement français actuel se montre pacifique, plus il faut s’en défier. Plus Louis-Napoléon enverra de vases de porcelaine de Sèvres à Léopold, plus les ministres belges doivent ordonner de vigilance aux garnisons de la frontière du Midi. »

On lit dans le *Sancho* :

« Puisque la fatalité nous a donné pour voisin ce César...; puisqu’elle a voulu que la fortune de l’oncle vint se briser contre l’épée des nations, dans ces plaines de Waterloo où flotte aujourd’hui le drapeau belge, nous disons que pour nous le péril est proche, et que la prudence nous ordonne de nous préparer à tout événement. »

Dans les provinces, s’exprime le même pressentiment de l’invasion, comme condition fatale du napoléonisme, et simple et odieuse question de temps. Un journal de Gand, le *Broedermin*, demande :

« Qui peut dire si la Belgique ne sera pas le premier pays qu’*il* sacrifiera pour rendre quelque *gloire* à son armée...? »

Partout, au foyer domestique, dans les ateliers, sur la place publique, la conscience du danger public éclate en un long hurrah patriotique. Dans une réunion populaire tenue, dès le 7 décembre, Louis Labarre s’écrie :

« Le crime commis sur la liberté française frappe au cœur la liberté belge. Le cheval de...... a foulé aux pieds, sur la poitrine des hommes, des femmes, des enfants, des vieillards, la souveraineté du peuple français ; il tourne vers la frontière belge son premier pas de triomphateur... L'empire est l'abîme de sang et de boue où tombe violée la liberté, fille du sang de nos pères ! »

Coulon, un des vaillants chefs des associations ouvrières, ajoute :

« Qu'*il* le sache bien, avant de triompher de nous, avant qu'il ait fait de la libre Belgique une province napoléonienne, il aura marché sur nos cadavres ! »

De l'étranger, de tous les pays pour qui un Bonaparte, maître de la France, est un sabre qui ne peut vivre dans son fourreau, nous arrive le même écho du sentiment universel. Dès le 6 décembre, la *Revue de Genève* sent venir le coup dont la Confédération helvétique est menacée aujourd'hui. Après la prédiction unanime, dès ce moment, en Europe, que « tous les petits États constitutionnels vont être forcés de se mettre à l'unisson » du régime napoléonien, elle fait ce retour instinctif sur la Suisse :

« Quant à nous, dernière République européenne, peut-être le citoyen thurgovien que nous avons si bien défendu (contre les menaces de Louis-Philippe), nous fera-t-il la grâce de vouloir bien se constituer notre médiateur, et reprendre de nous Genève... »

On écrit de La Haye au *Vlaemsche Stem* :

« Ne disons pas, Belges et Hollandais, que nous sommes trop petits et ne pouvons rien contre le géant français. Cela n'est pas vrai. Dieu nous a donné une patrie qui eut toujours l'oppression en horreur, qui de tout temps sut vaillamment faire face au danger. Les peuples qui veulent vivre ne périssent pas. »

Dès les premiers jours de janvier 1852, le *Daily-News* annonce, avec d'autres journaux, le commencement des travaux de défense sur la côte anglaise pour lesquels, à l'heure où nous écrivons ces lignes, un nouveau crédit de 296 millions est proposé au Parlement. Le *Globe* demande que l'Angleterre ne se fie à aucune protestation pacifique. Le 16 février, dans la séance du Parlement, le colonel Tompson déclare :

« Le pays doit apprendre que son gouvernement prend des mesures contre les actes possibles d'hommes vains et insensés. Ne connaît-on pas l'ordre récent donné par le *président* à ses généraux de se tenir prêts pour le 22 de ce mois? Il

se peut qu'il s'agisse de le faire empereur, mais
il se peut d'abord que ce soit pour diriger une
attaque contre la Belgique. »

Le *Times* termine en ces termes un article sur
la défense de notre pays et de la Suisse :

« Nous sommes préparés à l'éventualité prochaine de mouvements militaires français d'un
caractère significatif. Mais, à moins que Louis-
Napoléon ne recule pas devant l'idée de la résis-
tance d'un peuple libre et les forces réunies de
l'Europe, il respectera l'indépendance de la Suisse
et de la Belgique. »

La *Gazette de Cologne* publie une correspon-
dance de Munich annonçant, dès le 16 janvier,
l'armement des forteresses allemandes. La *Gazette
d'Augsbourg* écrit, en même temps :

« Il va de soi que la France, sous ce Napoléo-
nide, n'entreprendra point, pour rétablir les frontières de l'ancien empire, une guerre insensée. Le
président est trop prudent pour cela. Mais il va
de soi aussi qu'il saisira la prochaine occasion de
rendre à la France, envers l'étranger, une position qu'elle n'a eue ni sous les deux branches
des Bourbons ni sous la République, et que,
pourvu qu'il y soit aidé par la désunion entre
ses voisins, par autant de chances dans sa politique au dehors qu'à l'intérieur, il aura soin de

reproduire, l'une après l'autre, ses anciennes prétentions. »

En mars, ce même journal, organe des chancelleries étrangères, annonce que le président a écrit « à la *Russie* et à l'*Autriche* pour leur faire part de ses sentiments pacifiques. » Quelques jours plus tard, il publie une lettre de Paris signalant les menaces qui planent sur la nationalité belge.

Le 10 avril, une autre lettre de Paris publiée par l'*Émancipation*, contient un fait que nous avons vu naguère se renouveler, à propos de la « frontière naturelle » de l'empire au Midi :

« Une foule de solliciteurs se sont fait inscrire pour la première préfecture, sous-préfecture ou recette particulière qui viendrait à vaquer *en Belgique ou en Savoie*. Dans la pensée de ces coureurs de places, l'empire ne peut tarder à être proclamé, et l'empire suppose l'adjonction de la Belgique et de la Savoie à la France. »

Le *Patriote savoisien* confirme, le lendemain, l'annonce de la curée bonapartiste aujourd'hui réalisée sur son pays.

« On se partage déjà les places de la Belgique et de la Savoie dans les antichambres de l'Élysée. Ses journaux plaisantent même assez agréablement là dessus. »

C'est ainsi que, dans le pressentiment public, la France reconquise par les cosaques bonapartistes n'était que la première étape du second empire. Strasbourg avait été leur déclaration de guerre à la patrie; le coup d'État allait à l'adresse de l'Europe.

Mais longtemps avant Strasbourg, Boulogne et Paris, à la première minute de sa vie où il rêva la succession de l'oncle de Sainte-Hélène, le héros de ces trois journées avait vu son aigle s'abattre sur les montagnes de la Savoie et sur les tours de nos hôtels de villes. La carte d'Europe se trouvait refaite, gravée dans sa cervelle, avant de l'être au grand jour par l'épée et le mot de Boulogne : « Je suis le *fils* de Napoléon ! » par la plume du prisonnier de Ham, dans les *Idées napoléoniennes*. Ce second fataliste de la maison Bonaparte s'est dit « l'élu de la Providence. » Avant pourtant qu'aucun signe visible lui annonçât que le jour viendrait où il serait aussi l'"élu de la France; bien des années avant que le discours de Bordeaux, faisant taire l'aigle familier débarqué dans une cage à Boulogne, annonçât que « la gloire se lègue bien à titre d'héritage, mais non la guerre; » avant enfin de se porter, de la sellette de la Cour des pairs, candidat à la vengeance de Waterloo, il savait, quelque chose qui ne trompe pas lui disait qu'il acceptait l'héritage avec toutes ses charges et frontières naturelles. Longtemps avant l'eau-de-vie impériale de Satory et les saucissons prétoriens, il savait que ressusciter l'empire, c'était réveiller Chauvin ; que, si, à l'intérieur le coq gaulois était condamné au silence politique et intellectuel de « l'ordre, » ce ne serait pas sans qu'on lui laissât la liberté de l'expansion physique et bruyante au dehors ; que plus on comprimerait toutes les forces de l'esprit français, plus large il faudrait ouvrir l'essor à l'esprit militaire ; qu'un peuple qui, après tout, compte dans ses états de service 89, 1830, 1848, ne suspendrait pas, fût-ce pour une courte halte « dans la gloire, » le glaive de la révolution, si, en attendant, il ne croisait la baïonnette avec le Cosaque et le Croate du dehors ; que ce peuple impressionnable, mais mobile, ne porterait bien chez lui les fers du sujet que s'il allait montrer au dehors le fer du guerrier, avec des lauriers sur le crâne, en revanche du collier au cou.

Les quatre années de la présidence du citoyen Bonaparte n'avaient été qu'une marche forcée vers l'empire. Seulement, pour que l'œuvre napoléonienne se reconstruisît tout entière, il fallait que l'Europe, après la France, se laissât bercer par de nouvelles paroles d'honneur. Mais, par un retour providentiel, le coup qui déchirait en mille morceaux le serment prêté dans les mains de la république française, proclamait nuls et non avenus tous ceux qui allaient être prêtés dans les mains des gouvernements étrangers. L'histoire gardera le souvenir d'un immense éclat de rire poussé par les peuples en octobre 1852. C'était leur réponse à la déclaration de Bordeaux : « L'empire, c'est la paix. » Bornons-nous aux témoignages suivants :

Un journal hollandais, l'*Arnemsche-Courant*, exprime d'un seul mot l'opinion de son pays.

« Si les paroles étaient des garanties, et les promesses des réalités, le prochain empire ouvrirait en France une ère de paix... Pour la politique à laquelle se montre fidèle Louis-Napoléon, c'est ruse de guerre permise que de faire ce qu'on ne dit pas, en ne faisant pas ce qu'on dit. »

La *Gazette de Cologne* écrit, d'un autre côté :

« Si chaque État songe à sa propre sécurité, et si les puissances européennes, en présence du danger commun, prennent des mesures communes, ce sera une garantie de paix plus rassurante que toutes les promesses de Louis-Napoléon. »

Le journal allemand ajoute :

« Si les Français avaient seulement un pied en Belgique, ils auraient l'autre sur le Rhin, et la Hollande a le même intérêt que la Prusse à protéger la Belgique comme son propre territoire. Que la France sache donc que ce n'est pas à la Belgique et à la Prusse, à la Bavière et à Bade, à Genève et à la Savoie qu'elle est contiguë, mais à l'Europe. »

Il était dès lors dans la destinée du futur Napoléon III, qu'il ne prononcerait plus le nom de paix sans que chaque peuple voisin ne mit la main sur la garde de son épée. Il était aussi dans la nôtre, que ce mot ne sortirait plus de sa bouche, sans se voir traduit dans toutes les langues, comme une menace répétée d'annexion de nos provinces à l'empire. Le fait se reproduit en ce moment avec un d'autant plus énergique accord que c'est le lendemain du jour où, remboursée à Chambéry et à Nice des frais de sa seconde « guerre pour l'idée, » la France de décembre entonne son *Te Deum* savoyard, que l'empereur en personne, des bords du Rhin, la veille du 45e anniversaire de Waterloo, nous envoie l'édition nouvelle du discours de Bordeaux. C'est pourquoi, si lui-même choisit ce moment de fraternisation pour permettre un nouveau cri de guerre à l'oiseau bavard de sa cour du nom d'About, l'Allemagne et la Suisse pour activer leurs armements, et l'Angleterre pour publier le détail de ses travaux de défense et passer en revue ses volontaires, nous trouvons que pour nous il est temps de nous demander ce que nous veut l'homme dont le télégraphe badois se hâtait d'expédier à toute l'Europe la nouvelle déclaration de paix, si notre tour n'est pas venu d'apprendre bientôt quelle autre « annexion » se cachait derrière ce nouveau salut impérial aux « frontières naturelles. »

Un témoin impassible est là devant nous, le *Moniteur* français. C'est lui que nous interrogerons. Et si dans ses réponses à nos questions, il est permis de compter combien de paroles données a effacées la main de son maître actuel, nous aurons à répéter à notre tour, le mot du général Chazal : « Le pays peut être tranquille. » Car ce sera appuyée sur son fusil, que la Belgique regardera passer au dessus de sa tête le serment de Bade.

Le premier serment de Louis-Bonaparte date de 1830. C'est le serment de délivrer l'Italie de ses tyrans, et en 1831, il y était fidèle, lorsqu'il prit les armes contre la papauté. En 1849, président de la république française, il abat par les armes la république romaine, relève la papauté, et du même coup supprime, avec le serment prêté à l'Italie, celui de fidélité à la Constitution de 1848 dont l'article 5 portait :

« La république française respecte les nationalités étrangères comme elle entend faire respecter la sienne, n'entreprend aucune guerre dans des vues de conquête, et *n'emploie jamais ses forces contre la liberté d'aucun peuple.* »

En 1832, réfugié en Suisse, il demande et accepte en ces termes le titre de citoyen de Thurgovie : « Dans toutes les circonstances de ma vie, comme Français et comme Bonaparte, je serai fier d'être citoyen d'un État libre. »

La même année, il publie, sous le nom de *Rêveries politiques*, un volume où il professe la foi « républicaine, » et c'est après avoir, quatre ans, exercé les droits de citoyen de la république que, le 30 octobre 1836, il viole le territoire français et apparaît à Strasbourg, les armes à la main, pour y proclamer l'empire.

Soustrait à la justice par la grâce royale, il écrit à Louis-Philippe une lettre où, d'après le témoignage de M. Molé, président du conseil, dans la discussion de l'adresse en 1839, « il exprime *toute sa reconnaissance.* » Le 11 novembre, il écrit à l'avocat Parquin, pour être lue à la cour d'assises de Strasbourg, une autre lettre où il est dit :

« Le roi, *dans sa clémence*, a ordonné que je fusse conduit à Lorient, pour passer de là en Amérique. Quoique vivement *touché de la générosité du roi*, je suis profondément affligé de quitter mes coaccusés, dans l'idée que ma présence à la barre, que mes dépositions en leur faveur auraient pu influencer le jury...

« Certes, nous sommes *tous coupables* envers le gouvernement d'avoir pris les armes contre lui ; mais *le plus coupable, c'est moi*. C'est celui qui, méditant depuis longtemps une révolution, est venu tout à coup arracher des hommes à une position honorable pour les livrer à tous les hasards d'un mouvement populaire. »

Et, plus bas, dans une allusion aux officiers séduits :

« Ils me parlaient de leurs *serments :* je leur rappelai qu'en 1815, ils avaient juré *fidélité* à Napoléon et à sa dynastie. Pour leur ôter *tout scrupule*, je leur dis qu'on parlait de la mort *presque* subite du roi, et que la nouvelle paraissait *certaine*. On verra par là *combien j'étais coupable* envers le gouvernement. Or, le gouvernement a été *généreux* envers moi... »

En 1838, il rompt son ban. Mais avant de

quitter l'Amérique, il publie dans les journaux de ce pays « où, dit M. Molé, *il bravait le gouvernement* et où les expressions de la *reconnaissance pour le roi* que nous avions dans la main étaient remplacées par des expressions *d'ingratitude*. » Cette violation d'un double engagement moral devait être bientôt sanctionnée par la récidive impérialiste de Boulogne en 1840, et, le 23 février 1852, par le décret de confiscation lancé sur les biens de la famille d'Orléans.

De retour en Suisse, il réside dans le canton d'où il est parti pour l'expédition de Strasbourg, lorsqu'une note du cabinet Molé vient réclamer son expulsion. Le Grand Conseil rejette la demande, « attendu que ledit Louis-Napoléon Bonaparte a été reçu citoyen de Thurgovie et que, par suite de cette naturalisation acceptée par lui, il n'est et ne peut être que citoyen de ce canton. » En effet, dans une lettre du 20 août 1838, il avait écrit au Grand Conseil : « Depuis cette époque (1815), je n'avais plus *légalement* de patrie, lorsqu'en 1832 vous me donnâtes le droit de bourgeoisie du canton. »

Placé entre deux nationalités par le gouvernement de Louis-Philippe qui motive sa demande d'expulsion sur sa qualité de Français, il se retranche dans le silence contre le danger présent ou futur d'une option solennelle. Dans la discussion de 1839, M. Guizot répond à M. Molé : « Louis-Napoléon en Suisse n'était pas un étranger. Il se donnait pour Suisse. » M. Odilon-Barrot le représente comme « *flottant* entre la qualité de Suisse et celle de Français. » Au moment où le gouvernement français va trancher la question par les armes, Louis-Napoléon se réfugie en Angleterre.

En quittant la Suisse, il écrit au Petit Conseil de Thurgovie :

« Je n'oublierai jamais la noble conduite des cantons qui se sont si courageusement prononcés en ma faveur. »

Et, en effet, dès février 1852, nous le voyons réclamer d'eux dans une note menaçante l'expulsion des réfugiés français du coup d'État, ses proscrits à lui, ainsi que nous le verrions plus tard trancher la question de sa propre nationalité, en livrant à la France, dans les districts neutralisés de la Savoie, les « frontières naturelles » de la « patrie suisse. »

Tandis que cette question mettait, en 1838, les armes aux mains des cantons, il écrivait, le 20 août, au Grand Conseil de Thurgovie :

« Le ministre français, pour arriver au but où

il tend (l'expulsion), continue toujours ses fausses allégations. Il prétend que la maison *où ma mère vient de mourir et où je vis presque seul*, est un centre d'intrigues. Qu'il le prouve, s'il le peut ! Quant à moi, je *démens* cette accusation de la manière la plus formelle. Car *ma ferme volonté est de rester tranquille*. »

Le 6 août 1840, il débarque à Boulogne, en compagnie de cujsiniers et de valets sous l'uniforme français, et, le chapeau au bout de l'épée, criant lui-même : « Vive l'empereur ! »

A Strasbourg, dans sa proclamation à l'armée, il avait dit : « Voyez les grades de 1815 méconnus ; voyez la Légion d'honneur prodiguée aux intrigants et refusée aux braves !... » A Boulogne, ainsi qu'il en sera déposé, il dit, au soldat George Kœhly : « Je suis Napoléon. Vous aurez des grades et des décorations ; » au soldat Antoine Gendre : « Je suis le *fils* de Napoléon. Nous allons à l'hôtel du Nord commander un dîner pour moi et pour vous ; » au soldat Jean Meyer : « Vous serez bien payés ; » au soldat Joseph Mény : « Vous viendrez à Paris ; vous serez bien payés. » Au général Magnan il avait fait offrir, par lettre écrite au commandant Mésonan, avec la promesse du bâton de maréchal acquittée après l'anniversaire décembriste d'Austerlitz, 100,000 francs comptant ; plus 300,000 francs en cas de « perte de son commandement. »

A Strasbourg, il avait ajouté : « Voyez partout trahison, lâcheté ! » A Boulogne, au capitaine Col-Puygellier, qui lui répond : « Vous êtes un traître, » il tire un coup de pistolet qui va casser trois dents à un soldat, puis s'enfuit, est empoigné et jugé par la cour des pairs devant qui un des magistrats qu'embauchera la trahison de décembre, le procureur-général Franck-Carré, lui dit : « Vous avez fait pratiquer l'embauchage et distribuer l'argent pour *acheter la trahison !* »

Devant la Cour des pairs, en 1840, il déclare qu'il « représente la cause de l'empire. » En 1841, de sa prison « perpétuelle » de Ham, dans les *Fragments historiques*, il déclare : « Je suis citoyen avant d'être Bonaparte. » De cette époque à 1846 il écrit les *Idées napoléoniennes* où, d'un côté, il affirme que « les peuples *libres* travaillent à refaire l'ouvrage de l'empereur » enterré à Sainte-Hélène, et, de l'autre, se pose lui-même en empereur « humanitaire. » A la suite de quoi il écrit, pour les croyants de l'idée napoléonienne, un traité sur l'*Artillerie*, et, pour les croyants de l'idée humanitaire, deux autres traités : l'*Extinction du paupérisme* et l'*Analyse de la question des sucres.*

Ce n'est pas de la prison de Ham que date cette double profession de foi. A Strasbourg, en face de la proclamation impérialiste « aux soldats, » s'était trouvée déjà la proclamation démocratique « au peuple français. » Cette dernière pièce, publiée en 1848, à Paris, à l'*imprimerie centrale de Napoléon Chaix et Comp.*, contenait la déclaration suivante :

« Ce n'est pas un prétendant que vous recevez au milieu de vous. Ce n'est pas inutilement que j'ai médité dans l'exil… C'est comme républicain démocrate sincère et ardent que je me présente à vous. Je prends la grande ombre de l'homme du siècle à témoin des *promesses* que je fais ici solennellement.

« Je serai, comme je le fus toujours, l'enfant de la France… »

En 1846, évadé de Ham, il va, pour la seconde fois, demander à l'Angleterre une hospitalité dont il se souviendra lorsqu'il fera demander par ses colonels l'expulsion des proscrits français, et dont, dès le lendemain du coup d'État, l'Angleterre, en même temps que la Suisse, a su qu'il s'acquittera « cordialement » un jour. Car c'est armée jusqu'aux dents qu'elle attend la nouvelle visite de son « loyal allié » annoncée encore une fois dans ces derniers temps par les brochures annexionnistes : *La question irlandaise* et *Mac-Mahon, roi d'Irlande.*

En 1848, à la nouvelle de la proclamation de la république, il rentre en France, précédé d'une lettre au gouvernement provisoire ainsi conçue :

« Le peuple de Paris ayant détruit par son héroïsme les derniers vestiges de l'*invasion étran-gère*, j'accours de l'exil pour me ranger *sous le drapeau de la république.*

« Sans autre *ambition* que celle de servir mon pays, je viens annoncer mon arrivée aux membres du gouvernement provisoire et les assurer de mon dévouement à la cause qu'ils représentent, comme de ma sympathie pour leurs personnes. »

Élu représentant de la république, le 17 septembre, il est admis, le 26, par l'assemblée nationale et lit un discours qui commence par ces mots : « Citoyens représentants, après les calomnies dont mes intentions ont été l'objet, » et finissant par ceux-ci : « Toute ma vie sera consacrée à l'*affermissement* de la république. »

Le 27 novembre, il adresse à ses concitoyens un manifeste pour l'élection à la présidence, où il dit :

« Je ne suis pas un ambitieux qui rêve tantôt *l'empire et la guerre*, tantôt l'application de théories subversives. Élevé dans les pays libres, à l'école du malheur, je resterai toujours fidèle aux devoirs que m'imposent vos suffrages et la volonté de l'assemblée. »

Il répète le mot du 26 décembre, qu'il « se dévouera tout entier, sans arrière-pensée, à l'*af-fermissement* de la république, puis engage son honneur en ces termes :

« Je mettrais mon *honneur* à laisser, au bout de quatre ans, à mon successeur, le pouvoir affermi, *la liberté intacte,* un progrès réel accompli. »

Après avoir donné sa parole de « protéger la religion, la famille, la propriété, » de faire « des économies, » etc., il déclare pourquoi il est l'ennemi de la guerre.

« *Avec la guerre, point de soulagement à nos maux.* La paix sera donc le plus cher de mes désirs. La France, lors de sa première révolution, a été guerrière parce qu'on l'avait forcée de l'être. A l'invasion elle répondit par la conquête. Aujourd'hui qu'elle n'est pas provoquée elle peut consacrer ses ressources aux améliorations pacifiques. »

Enfin il ajoute :

« La république doit être généreuse et *avoir foi dans son avenir.* »

Élu président de la république, il prête, le 20 décembre, aux mains de l'Assemblée nationale le serment ainsi conçu :

« En présence de Dieu et devant le peuple

Français, représenté par l'Assemblée nationale, je jure de rester fidèle a la République démocratique et indivisible et de remplir tous les devoirs que m'impose la Constitution. »

Le président de l'Assemblée ayant prononcé ces paroles : « Nous prenons Dieu et les hommes à témoin du serment qui vient d'être prêté, » le président de la république lit un papier où se trouve écrit ce que voici :

« Les suffrages de la nation et le serment que je viens de prêter commandent ma conduite future. Mon devoir est tracé. Je le remplirai en homme d'honneur. »

Puis :

« Je verrai des ennemis de la patrie dans tous ceux qui tenteraient de changer, par des voies illégales, ce que la France entière a établi. »

En 1849, le 22 juillet, à Ham, il dit :

« Aujourd'hui qu'élu par la France entière, je suis devenu le chef légitime de cette grande nation, je ne saurais me glorifier d'une captivité qui avait pour cause l'attaque contre un gouvernement régulier... Je ne me plains donc pas d'avoir expié ici, par un emprisonnement de six années, *ma témérité* contre les lois de ma patrie, et c'est avec bonheur que, dans ces lieux mêmes où j'ai souffert, je vous propose un toast en l'honneur des hommes qui sont déterminés, *malgré leurs convictions*, à respecter les institutions de leur pays.»

A Tours, huit jours après, faisant allusion à l'idée de trahison qui lui est prêtée :

« Je ne suis pas venu au milieu de vous avec une arrière-pensée, mais pour me montrer tel que je suis et non *tel que la calomnie veut me faire*.

« On a prétendu, on prétend encore aujourd'hui que le gouvernement médite quelque entreprise semblable au 18 brumaire. Mais sommes-nous donc dans les mêmes circonstances?..... Confiez-vous donc à l'avenir *sans songer aux coups d'Etat* ni aux insurrections. *Les coups d'Etat n'ont aucun prétexte.* »

Le 31 décembre, dans son premier message à l'Assemblée nationale :

« Je veux être digne de la confiance de la nation, en maintenant la Constitution que j'ai jurée. »

En 1850, le 4 septembre, à Caen, il dit :

« Lorsque partout la prospérité semble renaître, il serait *bien coupable* celui qui tenterait d'en arrêter l'essor *par le changement de ce qui existe aujourd'hui.* »

Le 12 novembre, dans le deuxième message à l'Assemblée nationale :

« J'ai souvent déclaré, lorsque l'occasion s'est

offerte d'exprimer *librement* ma pensée, que je considérerais comme *grands coupables* ceux qui, *par ambition personnelle*, compromettraient le peu de stabilité que nous garantit la Constitution. »

Et plus loin :

« Il est aujourd'hui permis à tout le monde, *excepté à moi*, de vouloir hâter la révision de notre loi fondamentale. Si la Constitution renferme des vices et des dangers, vous êtes tous libres de les faire ressortir aux yeux du pays. *Moi seul, lié par mon serment*, je me renferme dans les strictes limites qu'elle a tracées. »

Dans la même pièce mémorable, il dit :

« Quelles que puissent être les solutions de l'avenir, entendons-nous, afin que ce ne soient jamais la passion, *la surprise ou la violence*, qui décident du sort d'une grande nation... Inspirons-lui (au peuple) *la religion du droit*, en ne nous en écartant jamais nous-mêmes. »

Il termine ainsi :

« Je vous ai loyalement *ouvert* mon cœur. Vous répondrez à ma franchise par votre confiance à mes *bonnes intentions*, par votre concours, et *Dieu fera le reste*. »

En 1851, le 9 novembre, il dit aux officiers :

« Je ne vous demanderai rien qui ne soit d'accord avec *mon droit reconnu par la Constitu-tion.* »

Le 17, son ministre de la guerre, Saint-Arnaud, s'oppose à la prise en considération du projet de loi des questeurs.

« Ce projet annonce une méfiance *injuste.* Le projet du coup d'État est une *calomnie.* »

Dans la séance du 24, le président annonce :

« M. Creton demande à interpeller les ministres de la justice et de l'intérieur sur un complot contre la sûreté de l'État précisé, ce matin, par le *Constitutionnel.* »

M. Creton. « L'incident peut être considéré comme très simple ou prendre des proportions considérables. Très simple, si les réponses *loyales* et catégoriques nous sont faites ; si les ministres nous déclarent que l'article est digne du mépris dont je le couvre. L'Assemblée est au dessus de pareilles menaces, et je dirai aux auteurs qu'ils peuvent se réfugier dans le mépris de toute leur vie. »

M. Daviel, *ministre de la justice.* « Ma réponse sera aussi claire que l'a demandé M. Creton. Nous n'avons ni *inspiré ni connu* l'article en question. Sommes-nous responsables des *bruits de couloir ?* »

M. Berryer. « Une dénonciation de complot a

ému la population. Vous, chef de la justice, man-
queriez-vous à vos devoirs en n'en poursuivant
pas les auteurs ? »

M. Thorigny, *ministre de l'intérieur.* « Rien
ne m'empêchera de répondre *loyalement,* catégo-
riquement. S'il y avait eu un complot, le gouvernement n'aurait pas hésité à faire son devoir,
*quels que fussent, à quelque position qu'appar-
tinssent les auteurs.* »

Le même jour, 24 novembre 1851, le président
de la République dit aux industriels :

« Comme elle pourrait être grande, la république française, s'il lui était permis de vaquer à
ses véritables affaires..., au lieu d'être sans cesse
troublée, d'un côté, par les idées démagogiques, et
de l'autre, par les *hallucinations monarchiques!*»

Puis, après avoir déclaré que les « efforts » de
ces ennemis de la république « seront vains, » il
jure encore une fois que « le gouvernement saura
remplir sa mission. Car il a en lui *le droit qui
vient du peuple et la force qui vient de Dieu.* »

Enfin, le 2 décembre, le même jour où « l'As-
« semblée nationale,

« Attendu qu'elle est empêchée *par la violence,*
« d'accomplir son mandat, décrète :

« Louis-Napoléon Bonaparte est déchu de ses
« fonctions de président de la république ;

« Les juges de la Haute Cour de justice sont tenus de se réunir immédiatement, à peine de forfaiture, pour procéder au jugement du président et de ses complices ; »

Le même jour où « la Haute Cour de justice

« Déclare Louis-Napoléon Bonaparte prévenu « du crime de haute trahison ;

« Convoque le Haut Jury national pour qu'il « soit procédé sans délai au jugement ; »

Le même jour du 2 décembre 1851 où, de grand matin, la république endormie, la veille, dans cet amas de serments, a été trouvée étouffée dans ses bras, il s'arme, une dernière fois, aux yeux du peuple, du serment qui l'a poignardée.

« Les provocations, les *calomnies*, les outrages m'ont trouvé impassible. Mais aujourd'hui que le pacte national *n'est plus respecté de ceux-là même qui l'invoquent sans cesse*, et que les hommes qui ont déjà perdu deux monarchies veulent me lier les mains, *afin de renverser la république*, mon devoir est de déjouer leurs perfides projets, de *maintenir la république...* »

On a vu comment le parjure triompha. Pourtant il ne devait être couronné que le 2 décembre suivant, lorsque, se couronnant lui-même, « par la grâce de Dieu et la volonté nationale, » l'empereur voulut fêter l'anniversaire par ces mots de son discours d'inauguration :

« Le nouveau règne que vous inaugurez n'a pas pour origine, comme tant d'autres dans l'histoire, *la violence, la conquête ou la ruse.* »

C'est ainsi que deux fois envahie sans succès par le neveu de l'empereur, la France, à la journée de Paris, se voit reconquise à l'empire. Mais l'empire n'est pas « refait » parce qu'un autre 18 brumaire a nuitamment surpris la seconde république. La France de 1848 ne se retrouve, au dedans ni au dehors, la France d'avant 1814. Ce n'est pas là la France napoléonienne. A l'intérieur, il lui reste le souvenir des libertés reconquises depuis 1815 par les libéraux et les républicains. A l'extérieur, il lui manque les territoires reconquis par l'Europe sur le premier empire.

C'est donc, à dater de la victoire du 2 décembre 1851, une double guerre qui recommence pour l'insurgé, maître de la France. En France, guerre pour « l'ordre; » à la frontière, guerre pour « la gloire. » Seulement, le jeu de la batterie qui a assuré la prise de Paris est devenu d'autant plus difficile qu'elle est démasquée, et cela au moment où il s'agit de pointer les pièces de deux côtés à la fois. Or, suivons dans les nouvelles manœuvres de son génie stratégique « le neveu de l'ancien sous-lieutenant d'artillerie. »

Le 25 décembre 1851, son ministre de la guerre, Saint-Arnaud, lui adresse un rapport où on lit :

« La 6e division militaire est celle de Strasbourg, destinée par sa forme et sa position à ne jamais changer, *tant que les frontières elles-mêmes ne changeront pas.* »

Le 31, « le président de la république,

« Considérant que la république française, avec sa nouvelle forme sanctionnée par le suffrage du peuple, peut adopter *sans ombrage les souvenirs de l'empire* et les symboles qui en rappellent *la gloire;*

« Considérant que le drapeau national ne doit pas être *plus longtemps* privé de l'emblème renommé qui conduisit, *dans cent batailles,* nos soldats à *la victoire,* décrète :

« Art. 1er. — L'aigle *française* est rétablie sur les drapeaux de l'armée. »

Au commencement d'octobre 1852, à Bordeaux, s'adressant au président de la Chambre du commerce, il dit :

« Il est néanmoins *une crainte* à laquelle je dois répondre. Par esprit de défiance, certaines personnes se disent : l'empire, c'est la guerre. Moi, je dis : *l'empire, c'est la paix.* »

Il ajoute :

« C'est la paix. Car *la France le désire*, et lorsque la France est satisfaite, *le monde est tranquille.* »

Le 2 décembre de la même année, dans le discours d'inauguration de l'empire, il déclare « hériter » des gouvernements qui l'ont précédé, la Monarchie constitutionnelle et la république, et que, s'il « prend le titre de Napoléon III, ce n'est pas une de ces prétentions dynastiques *surannées* qui semblent *une insulte au bon sens et à la vérité.* » Il ajoute :

« C'est un hommage rendu au gouvernement auquel nous devons *les plus belles pages* de notre histoire moderne. »

Un jour, — ce sera quand Napoléon III dormira, à Saint-Denis, dans le caveau vacant de Henri IV, — l'histoire nous dira si les premières guerres qui illustrent déjà son règne, n'étaient pas faites dans une de ses « idées napoléoniennes, » avant le banquet pacifique de Bordeaux. Elle nous dira aussi comment cette guerre à la Russie qui, ayant pour but « l'indépendance » de l'Orient, eut pour effet l'alliance intime du libérateur français avec le despote du Nord ; »

comment cette guerre à l'Autriche pour « l'indépendance » de l'Italie, qui ne devait s'arrêter
qu'à « l'Adriatique » et qui s'arrêta à Villafranca
par une autre alliance avec « le despote de la Vénétie; » comment ces deux guerres proclamées,
ainsi que la guerre à la Chine, « guerres de la
civilisation, » n'auront été « une insulte au bon
sens, à la vérité, » ni au discours de Bordeaux.

En attendant, le 25 novembre suivant, dans
le message au Corps législatif, il déclarait que le
jeune empire « ne fera que changer de forme. »
Et, en effet, dans son style, ainsi que dans la
coupe des habits de l'armée, nous l'allions voir
renoncer aux formes « surannées » du vieux.
Chaque guerre se ferait sous l'invocation de la
« justice » divine et humaine. Les trophées des
zouaves seraient dédiés à la « civilisation, » et ne
se conquerraient, autre signe de progrès du temps,
qu'avec les « carabines rayées. » La guerre elle-
même aurait cessé d'arborer la formule « dynastique » de « conquête. » Elle déposerait son nom
« suranné, » pour endosser celui de « délivrance
des nationalités. » Même la conquête des « territoires neutres » se couvrirait du nom fraternel
« d'annexion, » et ne s'opérant qu'avec « l'arme
pacifique du suffrage universel, » apporté à la
pointe civilisatrice des baïonnettes, n'aurait pour

tout Hoche et tout Desaix que le sénateur Laity et le policier Piétri. Bref, le canon perfectionné par l'empereur lui-même, n'enverrait au loin ses boulets qu'en l'honneur des « traités » et de « l'humanité. » Et quant à « l'épée de la France, » elle ne sortirait du fourreau « dynastique » que pour « l'affranchissement » des peuples étrangers et contre « l'oppression étrangère. »

Le 3 mai 1859, il annonce en ces termes au Corps législatif, la guerre « pour l'idée » à l'Autriche :

« L'Autriche... *nous déclare la guerre*. Elle viole ainsi *les traités, la justice et menace nos frontières*. Que la France s'arme résolûment. »

Il reprend :

« J'avoue hautement ma sympathie pour un peuple *qui gémit sous l'oppression étrangère*. »

Il continue :

« Elle (la France) n'a pas abdiqué son rôle *civilisateur*. Ses alliés naturels ont toujours été ceux qui veulent *l'amélioration de l'humanité*, et quand elle tire l'épée, ce n'est point pour dominer, mais pour *affranchir*. »

Ensuite :

« La Providence bénira nos efforts. Car elle est *sainte aux yeux de Dieu*, la cause qui s'appuie sur *la justice, l'humanité, l'amour de la patrie et de l'indépendance!*

Le 12 juillet, une brusque paix laissant la campagne inachevée, il dit aux soldats :

« *Le but principal de la guerre est atteint.* L'Italie, désormais maîtresse de ses destinées, n'aura plus qu'à s'en prendre à elle-même, si elle ne progresse pas régulièrement dans *l'ordre et la liberté.* »

Le 6 août 1840, à Boulogne, l'insurgé avait dit :

« Français ! les cendres de l'empereur ne peuvent rentrer que dans une France *régénérée.* »

Le 3 mai 1859, au Corps législatif, S. M. I. dit :

« Notre pays va encore montrer au monde (dans la guerre déclarée) qu'il n'a pas *dégénéré.* »

Et, le 8 juin, aux soldats qui ont battu l'ennemi :

« La France a retrouvé ses anciennes *vertus.* »

A Boulogne, Louis Bonaparte avait ajouté :

« Il faut que *la gloire et la liberté* veillent à côté du cercueil de Napoléon. »

A Paris, message du 14 février 1853, Napoléon III reprend :

« La *liberté* n'a jamais aidé à fonder d'édifice politique durable. »

Dès le 10 mai 1852, la liberté, sous le nom

d'anarchie, était elle-même descendue au cercueil, et le sabre, sous le nom de l'ordre, prenait sa place de manœuvre à l'édifice impérial. Dans le discours du Champ de Mars, sur la mission des armées, il avait dit :

« Vaincues, c'est l'invasion ou *l'anarchie ;* victorieuses, c'est la gloire ou *l'ordre.* »

En octobre 1852, parlant aux commerçants de Bordeaux, il dit :

« La gloire se lègue bien à titre d'héritage, mais *non la guerre,* »

Le 10 mai 1852, aux soldats, il dit :

« *Reprenez ces aigles qui ont si souvent conduit nos pères à la victoire,* et jurez de mourir, s'il le faut, pour les défendre. »

Le 3 mai 1859, au Corps législatif :

« Je veux maintenant suivre sans faiblesse ma politique nationale et *traditionnelle.* »

Puis :

« Nous allons *enfin* sur cette terre classique (l'Italie) illustrée par tant de victoires, *retrouver les traces de nos pères.* »

Il finit par cette invocation religieuse :

« Dieu fasse que nous soyons dignes d'eux ! »

Le 8 juin, il dit aux soldats :

« *Du haut du ciel,* vos pères vous contemplent avec orgueil ! »

Le 25 juin, aux mêmes :

« Vous avez dignement soutenu *l'honneur de la France.* »

Et ensuite :

« Soldats ! tant de sang versé ne sera pas inutile pour la *gloire de la France.* »

Le 10 juillet, il leur annonce la trève :

« Cette trève vous permet de vous reposer de vos *glorieux* travaux. »

Le 12 :

« La patrie reconnaissante accueillera avec transport ces soldats qui ont porté si haut la *gloire de nos armes.* »

Et, plus loin :

« Soyez donc *fiers* de vos succès..., *fiers* surtout d'être les enfants *bien-aimés* de cette France qui sera toujours *la grande nation.* »

A Milan, le 8 juin, il avait dit aux Italiens :

« Lorsque l'Autriche attaqua injustement le Piémont, je résolus de soutenir mon allié, le roi de Piémont, *l'honneur et les intérêts de la France* m'en faisant un devoir. »

Le 21 juillet, à Paris, il répond au corps diplomatique :

« L'Europe a été en général si injuste envers moi, au début de la guerre, que j'ai été heureux de pouvoir conclure la paix, dès que *l'hon-*

neur et les intérêts de la France ont été satisfaits. »

Le 8 juin, dans la proclamation de Milan aux Italiens, il protestait contre l'accusation de faire la guerre « pour agrandir *le territoire de la France,* » et dit :

« Dans l'état éclairé de l'opinion publique, on est plus grand aujourd'hui par *l'influence morale* qu'on exerce que par des conquêtes stériles. »

Le 18 juillet suivant, à Paris, en réponse aux harangues de LL. EE. Troplong, Morny et Baroche représentant les grands corps de l'empire, il dit :

« Après avoir donné une nouvelle preuve de la *puissance militaire de la France*, la paix que je viens de conclure sera féconde en heureux résultats. L'avenir les révèlera chaque jour d'avantage pour le bonheur de l'Italie, *l'influence de la France,* le repos de l'Europe. »

A Strasbourg, le 30 octobre 1836, parlant aux soldats, il avait dit :

« Voyez partout *trahison, lâcheté, influence étrangère,* et écriez-vous avec moi : *Chassons les barbares du Capitole!* »

A Bordeaux, en octobre 1852, parlant aux commerçants, il dit :

« J'en conviens, j'ai, comme l'empereur, bien

des conquêtes à faire. Je veux, comme lui, *conquérir à la conciliation les partis dissidents...* Je veux conquérir à la religion, à la morale, etc., cette partie encore si nombreuse de la population qui, au milieu d'un pays de foi et de croyance, ignore *les préceptes du Christ.* »

Qui saura jamais par combien de milliers de décrets de proscription, de transportation, de déportation, par combien de « lois d'amour » cette année chrétienne de 1852 vint mettre les actes à côté des paroles ?

Aux commerçants il dit, en terminant :

« Telles sont les conquêtes que je médite, et vous tous qui m'entourez, qui voulez, comme moi, le bien de notre patrie, *vous êtes mes soldats.* »

Le 10 mai de la même année, il avait dit à l'armée :

« Soldats ! l'histoire des peuples est en grande partie *l'histoire des armées.* De leurs succès ou de leurs revers dépend le sort de la *civilisation* ou de la patrie. »

Le 18 juillet 1859, il explique aux grands corps de l'empire la glorieuse reculade de Villafranca, placé qu'il était entre « l'Europe et la révolution, » et dit :

« La difficulté de l'entreprise n'aurait ni ébranlé ma résolution ni arrêté l'élan de *mon armée.* »

Et ensuite :

« Ainsi que je l'ai dit dans mes adieux à *mes soldats*, nous avons droit d'être fiers... »

Enfin, dans le discours de Bordeaux, il avait encore dit :

« Nous avons d'immenses territoires incultes à défricher, des routes à ouvrir, des ports à creuser. Voilà comment je comprendrais l'empire, si l'empire doit se rétablir. »

Il avait répété aux commerçants bordelais :

« La guerre ne se fait pas par plaisir ; elle se fait par nécessité. »

Le 17 mai 1855, il dit aux industriels français et étrangers réunis au palais de l'Exposition universelle :

« J'ouvre avec bonheur ce temple de la paix qui convie *tous les peuples à la concorde.* »

Rappelez-vous qu'entre ces deux harangues à « ses soldats » du commerce et de l'industrie, deux ans après les « routes » et les « ports » du banquet bordelais, et huit mois avant le « temple de la paix » du bazar parisien, il avait fait rouvrir par « ses soldats » de l'armée, sur la côte ingrate de Crimée, le temple de cette Diane qui, dès les vieux temps, se plaisait aux sacrifices de sang humain. Or, pour que l'hécatombe païenne exhalât l'odeur chrétienne dont est munie la giberne décembriste, il fallait que la guerre s'allumât, dans un autre temple, autour d'un « saint sépul- cre, » pour une querelle de boutique, entre un moine latin et un moine grec. Et, pour le double témoignage de la « nécessité » de cette guerre contre le « despotisme schismatique russe, » voilà qu'à cette heure Sébastopol ressuscite de ses ruines, et que l'empire d'Orient, sauvé en ce temps-là par un bain de sang occidental, se voit livré par les chirurgiens de décembre aux spiri- tuels infirmiers de l'empire. Ces braves ne l'ap- pellent plus que « l'homme malade. »

Sept mois après l'ouverture du « temple de la paix, » le 29 décembre de la même année, il va à la rencontre des débris de la guerre de Crimée, et leur parle ainsi :

« Soldats de la garde comme soldats de la ligne, soyez les bien venus ! Vous représentez tous cette armée d'Orient dont le courage et la persévérance ont de nouveau illustré nos aigles et reconquis *à la France le rang* qui lui est dû.

« Je vous ai rappelés, quoique la guerre ne soit pas terminée, parce qu'il est juste de remplacer à leur tour les régiments qui ont le plus souffert. Chacun pourra ainsi aller prendre *sa part de gloire*, et le pays qui entretient 600,000 soldats, a intérêt à ce qu'il y ait maintenant une *armée nombreuse et aguerrie,* prête à se porter *où le besoin l'exige.* »

Il ajoute :

« Gardez donc *soigneusement les habitudes de la guerre;* fortifiez-vous dans l'expérience acquise; tenez-vous prêts à répondre, s'il le faut, à mon appel; mais en ce jour, oubliez les épreuves de la vie du soldat; *remerciez Dieu* de vous avoir épargnés, et marchez *fièrement* au milieu de vos frères d'armes... »

Les derniers boulets vengeurs de Moscou ne sont pas tombés sur Sébastopol que l'heure de l'Autriche est marquée à l'horloge des Tuileries. Le marché de la « guerre pour l'idée » est signé avec le Piémont qui vend la pauvre Savoie, achète la Lombardie, et, comme arrhes, a compté son contingent d'hommes au sépulcre de Crimée. L'homme du dernier empire français fait comme les morts de la légende allemande : « il va vite. »

Le 3 mai 1859, dans le message au Corps législatif, il dit :

« Il faut qu'elle (l'Autriche) domine jusqu'aux Alpes, ou *que l'Italie soit libre jusqu'à l'Adriatique.* »

Le 8 juin, à Milan, dans la proclamation aux Italiens, il déclare « qu'aucun obstacle ne sera mis

à la *libre* manifestation de leurs vœux légitimes, »
et ajoute :

« Organisez-vous militairement. Animés du feu
sacré de la patrie, ne soyez aujourd'hui que soldats : demain vous serez citoyens *libres* d'un
grand pays. »

Le 12 juillet, à Valeggio, dans la proclamation
aux soldats français, il annonce que « le but de la
guerre est atteint, » que « l'Italie est désormais
maîtresse de ses destinées. »

Le même jour, à Villafranca, il a signé une
paix qui garantit « la conservation de la Vénétie
à l'empereur d'Autriche, qui cède *ses droits* sur la
Lombardie à l'empereur des Français, lequel les
transmet au roi de Piémont; « qui prévoit le « rappel des princes » autrichiens ou autres qui ont fui
ou combattu l'Italie; qui commence par décerner
au « Saint-Père la présidence honoraire de la Confédération italienne. »

C'est alors que chacune des populations insur-
gées à sa voix confie, à son tour, « ses droits » sur
elle-même à une Assemblée nationale, et successivement nous entendons la Toscane, Parme, Mo-
dène, la Romagne, attendu que leur « libre vœu »
est de faire de l'Italie « un grand pays, » proclamer la « réunion au Piémont. »

Ici nous ne citerons pas dans leur texte les réponses du « libérateur » signataire du message et des proclamations. C'est du fond de son cabinet qu'il parle maintenant, et que si un « obstacle » est apporté audit vœu de « l'Italie maîtresse de ses destinées, » nous ne le voyons pas surgir au grand jour. Il n'a pour témoin officiel qu'un muet de l'empire, le ministre Walewski. Seulement nous voyons que le signataire du traité de Villafranca garde son armée en Lombardie. Nous voyons également à propos de la Toscane, où une « idée napoléonienne » élevait un trône au cousin Napoléon, nous y voyons clairement les reculades du roi de Piémont dans l'expédient de « l'autonomie, » puis d'une vice-royauté du prince de Carignan, réduite elle-même en une simple lieutenance de M. Buoncompagni ; dans l'envoi de Garibaldi au commandement des forces militaires de l'Italie centrale, suivi du rappel immédiat de ce compagnon de l'entrée en campagne ; dans la tardive acceptation successive des annexions ardemment désirées. Bientôt nous entendrons les témoins.

Dans le message au Corps législatif, Napoléon III avait dit :

« Je ne veux pas de *conquêtes.* »

Dans la proclamation aux Italiens :

« Vos ennemis, qui sont les miens, ont tenté de diminuer la sympathie universelle qu'il y avait en Europe pour votre cause, en faisant croire que je ne faisais la guerre que par ambition personnelle ou pour agrandir le *territoire de la France*. S'il y a des hommes qui ne comprennent pas leur époque, je ne suis pas du nombre. »

Et ici le mot rapporté plus haut :

« On est plus grand aujourd'hui par l'influence morale qu'on exerce que par des *conquêtes stériles*. »

Le 24 mars 1860, il signe avec le roi de Piémont un traité public, — le traité secret n'avait-il pas été conclu à Plombières avec le comte Cavour dans l'automne de l'année précédente? — en vertu duquel le comté de Nice et la Savoie sont livrés à l'empire, pour la « rectification » de la frontière au midi.

Dans la séance du 25 mai, le premier ministre de Victor-Emmanuel déclare au Parlement de Turin que le traité qualifié de « trahison de la liberté et de l'unité italiennes » était dû « à l'alliance impériale. »

Dans la suite de la discussion, le ministre de l'intérieur, Farini, fait connaître, à son tour, que « la politique française *n'a pas changé* depuis Villafranca, » et que la cession de territoire, signé le 24 mars, a levé l'obstacle « au vœu de réunion » de l'Italie centrale au Piémont.

Enfin, dans la séance du 29 mai, M. Cavour fait la déclaration suivante :

« Nous n'avons pas de garantie de la France quant à la réunion. Il nous a suffi d'avoir sa parole qu'elle ferait reconnaitre le principe de non intervention, et nous nous sommes assuré, *surtout au moyen de la cession que nous avons faite*, toute la *sympathie* de cette puissance. »

Le lendemain de la ratification du traité par le « libre » vote du parlement piémontais, l'armée impériale, d'un côté, abandonnait la Lombardie, et, de l'autre, venait prendre possession de Nice et de la Savoie, ayant eu pour avant-garde les mouchards de M. Piétri et les peuples pour dépositaire de leur « suffrage souverain » la boîte du sénateur Laity.

Nous n'aborderons point la question pendante des paroles données et reprises à la Suisse, et qu'aujourd'hui comme au temps où Louis Bonaparte « flottait entre sa qualité de Suisse et sa qualité de Français, » l'épée de la France s'apprête sans doute à dénouer. On sait, et cela suffit pour le moment, que, dans le message au Corps législatif, Napoléon III a dit : « J'observe les *traités* ; » qu'il a ajouté : « Je respecte le territoire et les droits des puissances *neutres* ; » et l'on sait aussi comment traités et territoires ont été respectés

par l'annexion à la France des districts neutralisés de la Savoie. On peut se rappeler, en outre,
qu'au moment où le traité du 24 mars fut produit
au jour, lord John Russell fit retentir la tribune
britannique de ce mot attendu par l'Europe :
« Nous avons été trompés ! »

Or, en attendant que la question se vide entre
l'empire d'un côté, et, de l'autre, la vaillante république suisse et les puissances signataires des traités de 1815, l'annexion de la Savoie n'est-elle pas
un clair avertissement à tous ceux qui, parmi
nous, voyaient jusque là le gage de notre indépendance dans la neutralité belge ? Sur ce point nous
possédons depuis cinq ans un témoignage qu'il est
temps de faire revivre. Dès le 16 février 1855,
devant la chambre des représentants, M. Orts,
son président actuel, portait ce jugement :

« Notre neutralité a été garantie par les grandes
puissances ; elle est le résultat de traités solennels.
Mais il ne faut pas avoir une confiance absolue
dans *ceux qui n'ont pas signé ces traités* et qui
pourraient les violer *aussi bien qu'ils ont violé et
lacéré les Constitutions qu'ils avaient jurées.* »

Seulement les menaces à notre indépendance
ne datent pas de 1855. Elles remontent au lendemain du coup d'État et se produisent dès lors sous
la forme dangereuse des désaveux et des protesta-

tions d'amitié. Dès 1851, une fraternelle main française entre mille autres, la main de Victor Hugo, proscrit et témoin des premiers avertissements, tirait du coup de décembre cette sanglante morale à notre usage :

« Annoncer une énormité dont le monde se récrie, la désavouer avec indignation, jurer ses grands dieux, se déclarer honnête homme, puis, au moment où l'on se rassure et où l'on rit de l'énormité en question, l'exécuter. Ainsi il a fait pour le coup d'État, ainsi pour les décrets de proscription, ainsi pour la spoliation des princes d'Orléans; ainsi il fera pour l'invasion de la Belgique et de la Suisse et pour le reste. »

Victor Hugo concluait ainsi :

« C'est là son procédé. Pensez-en ce que vous voudrez. Il s'en sert, il le trouve bon : cela le regarde. Il aura à démêler la chose avec l'histoire. »

Or, nous savons ce que répondra la généreuse France au tribunal de l'histoire : — qu'elle a été violée dans sa foi aux serments. Mais, après une telle chute, quel peuple, s'il n'y trouvait son salut, y trouverait l'excuse d'un sommeil de mort? Après le souvenir du « procédé » décembriste, l'histoire ne nous doit rien.

Prémunir contre toute surprise un peuple loyal comme le nôtre, lui rendre présents les souvenirs

qui l'empêchent de tomber dans un piége qui fut
une si grande leçon, tel est, comme on l'a vu,
le but de cette rapide revue des paroles tour à tour
données à la France et à l'Europe. Nous aurons
rempli cette nouvelle tâche envers notre pays, lorsque nous lui aurons rappelé, par des avertissements napoléoniens que nul ne contestera, — ils
sortent de la bouche de Louis Bonaparte, — quel
décret de mort pour notre nationalité gît dans les
présentes déclarations de paix.

Si le premier des dangers consisterait à ne pas
regarder le danger en face, nous croyons qu'une
première victoire aura été remportée sur l'étranger, le jour où un peuple vaillant attendra, armé
des souvenirs et en garde contre des serments qui,
à l'heure venue, se changent en ruses de guerre.
Qu'alors le droit et l'honneur fassent le reste. Car
la seule question à poser devant les peuples et
l'histoire sera celle-ci : Si, le jour où l'annexion
viendra, ce sera le vieux Lion belgique qui ira la
recevoir à la frontière, ou, s'il est vrai, comme l'a
rêvé l'homme des Tuileries, que les fils bâtards
de nos pères soient mûrs pour l'empire.

www.ingramcontent.com/pod-product-compliance
Lightning Source LLC
Chambersburg PA
CBHW061245050726
47594CB00004B/1369